AF462890

QUESTIONS PHILOSOPHIQUES

LA PEUR DE LA VÉRITÉ

PAR

Bernard ALLO
Professeur à l'Université de Fribourg (Suisse)

PARIS
LIBRAIRIE BLOUD & Cie
4, RUE MADAME, 4
1907

MÊME COLLECTION

Psychologie générale et comparée.

CONTESTIN (G.). — **Le Matérialisme et la Nature de l'homme** *(97)*.................................... 1 vol.
KIRWAN (C. de). — **L'Animal raisonnable et l'Animal tout court,** *Etude de physiologie comparée (20)*.......... 1 vol.
— **L'Homme animal et l'Homme social,** *d'après l'école matérialiste (143)*................................ 1 vol.
LAMINNE (J.). — **L'homme d'après Haeckel** *(367)*.. 1 vol.

Morale.

AZAMBUJA (G. d'). — **Pourquoi le Roman immoral est-il à la mode et pourquoi le Roman moral n'est-il pas à la mode?** *Etude sociale et littéraire (42)*............. 1 vol.
— **L'Esprit chrétien et les Affaires** *(60)*........... 1 vol.
— **La Théorie du Bonheur** *(271)*................. 1 vol.
BADET (P.). — **Le Problème de la Souffrance humaine.** *Pourquoi souffrir? Triple réponse chrétienne (96)* . 1 vol.
BRUGERETTE (J.). — **Les Morales indépendantes et la Morale évangélique.** *Essai de synthèse chrétienne (150)* 1 vol.
CANET (G.). — **Nature et histoire de la liberté de conscience** *(19)*.................................. 1 vol.
— **Pratique de la Liberté de conscience dans nos Sociétés contemporaines** *(71)*............................ 1 vol.
— **La Liberté de penser et la Libre pensée** *(217)* 1 vol.
CHOLLET (J. A.). — **La Morale est-elle une science?** *(411)* 1 vol.
CONSTANT (M.). — **Le Mal,** sa nature, son origine, sa réparation. *Aperçu philosophique et religieux (26)*... 1 vol.
DELASSUS (Docteur). — **Les Théories modernes de la criminalité** *(73)*.. 1 vol.
DOMET DE VORGES (Cte). — **Les Ressorts de la volonté et le Libre Arbitre** *(61)*........................... 1 vol.
FONSEGRIVE (G.). — **Solidarité, Pitié, Charité**. *Examen de la nouvelle morale (178)*.......................... 1 vol.
GUIBERT (J.). — **Les Qualités de l'Educateur** *(108)*. 1 vol.
— **La Formation de la Volonté** *(195)*.......... ... 1 vol.
LABERTHONNIÈRE (L.). — **Théorie de L'Education** *(419)* 1 vol.
MANO (C.). — **Le Pessimisme contemporain**. *Ses précurseurs, ses représentants, ses sources (181)*.......... 1 vol.
SPALDING (Mgr). — **L'Education supérieure des Femmes,** traduit de l'anglais par Félix KLEIN *(132)*...,......... 1 vol.
SERTILLANGES (A. D.). — **L'Art et la Morale.** *L'art indépendant. — L'art apôtre. — L'art dangereux. — L'art pervers? — Le nu dans l'art (83)*............................ 1 vol.
VALLET (P.). — **Evolution, Progrès, Liberté** *(106)*. 1 vol.

AVANT-PROPOS

Des raisons psychologiques générales expliquent comment beaucoup d'hommes de bonne foi, et d'une foi sincère, ont tant de méfiance vis-à-vis de tout aspect nouveau de la vérité. Le but de cette étude est de combattre cette méfiance en en dévoilant les causes.

La peur de la Vérité

> *Veritas liberabit vos.*
> (Ev. sel. S. Jean, viii, 32.)
>
> Corpus non est unum membrum, sed multa... Non potest autem oculus dicere manui : Opera tua non indigeo ; aut iterum caput pedibus : Non estis mihi necessarii.
> (S. Paul, I *Cor.*, xii, 14 ; 21.)

Quand la vérité, dont tout être raisonnable est épris en droit, devient *une vérité* quelconque, elle se fait ordinairement des ennemis, et parfois beaucoup moins d'amis. Parmi les amis qu'elle trouve, il en est presque toujours aussi quelques-uns qui lui font un accueil moins chaud qu'ils ne devraient, parce qu'elle les trouble et leur fait peur.

C'est un fait. Toute vérité qui se découvre risque d'effrayer en même temps qu'elle séduit. Ce n'est pas seulement à cause du nouveau travail, des nouvelles recherches, des nouvelles obligations qu'elle imposera, mais encore en raison de l'indétermination des conséquences qui pourront en sortir, et que les timides peuvent toujours supposer redoutables. Du fait qu'elle marque un mouvement, un progrès, l'apparition de toute vérité nouvelle a cet inconvénient de déranger quelque part un équilibre, où certains esprits trouvaient le repos. Ceux-là, pour un temps, sont désorientés ; la règle de leurs pensées ou de leurs actions leur semble compromise. Sans doute les gens avisés ne se font pas volontairement de règle trop étroite ; mais il est un instinct humain qui nous pousse universellement à faire un *système clos* de tout ensemble d'idées qui nous a paru bon pour favoriser quelqu'un de nos intérêts, ne fût-ce que celui de notre tranquillité. On croit plus sage et plus sûr de le fermer dès qu'on le peut, afin d'en garantir les éléments contre cette force centrifuge qu'on a eu peut-être de la peine à maîtriser, au moment de les réunir ; et nous nous félicitons alors d'avoir assuré une vie au moins aussi longue que la nôtre à nos petites constellations d'idées chères. L'introduction inattendue d'un nouvel élément n'en ruinera-t-elle pas à jamais l'harmonie ? Faudra-t-il nous reconstruire un nouveau système de toutes pièces ? La grande majorité des esprits frémit à cette pensée-là.

Cet instinct est celui de la conservation, un peu rétréci par la passion de l'inertie, et la rigidité de la raison raisonnante. Les organismes que Dieu et les lois sont seuls à mener se comportent tout autrement. Ils s'adaptent au milieu, ou bien renoncent à se conserver. Mais, chez nous, plus un système d'idées tient de près à la vie, plus alors, en ce qui s'y rapporte, l'instinct de conservation tend à s'affirmer comme une résistance à tous les changements. Or, dans le domaine religieux, les idées ne font qu'un, pour ainsi dire, avec tout ce que la vie, la moralité, la poursuite du bonheur ont de plus pressant. C'est donc dans le domaine religieux, celui-là même où la vérité rencontre le plus d'ennemis, qu'elle fera aussi le plus de peur à certains de ses amis, qui se rendent compte que toute rupture d'équilibre aurait là des conséquences désastreuses.

N'exagérons rien : chez aucune âme vivante et sincère, cette défiance, si étendue qu'elle soit, ne s'opposera indistinctement à tous les genres de progrès. Là où le progrès sera depuis longtemps attendu et entrevu confusément, comme un développement logique et nécessaire de principes doctrinaux acquis déjà, chacun sans doute l'accueillera avec joie, ou du moins sans protestation. Mais quand il apparaîtra comme imposé du dehors, sous l'influence de la science, par exemple, et qu'on ne verra pas du premier coup, faute de préparation ou de souplesse, la place que l'idée neuve peut et doit occuper dans l'ensemble, beaucoup d'esprits seront épouvantés, et pousseront la résistance jusqu'à un acharnement que les autres trouveront incompréhensible. Cela durera jusqu'au jour où, de plus pénétrants et de plus hardis ayant réussi à l'exprimer en fonction même des éléments essentiels de la synthèse antérieure, l'ancienne *nouveauté* dangereuse prendra, même aux yeux des héritiers directs des conservateurs d'antan, l'air innocent d'une vérité de sens commun. Mais leurs pères, leurs maîtres, à eux, ressembleront à des *vaincus ;* et ainsi le progrès religieux paraîtra à l'historien consister surtout dans les défaites successives de ceux qui, en leur temps, se proclamaient les défenseurs les plus sûrs et les plus droits de l'orthodoxie. C'est un malheur.

Qu'on me pardonne le caractère abstrait et la tournure, peut-être inquiétante, de ces considérations. Il me serait facile, au moyen d'exemples que chacun saisirait, de les rendre très concrètes, tout en en faisant ressortir la parfaite innocuité. Mais cette précaution me retarderait, et j'ai hâte d'entrer au vif de mon sujet. J'ai pour but de dénoncer, en les expliquant, les diverses formes revêtues par la *peur de la vérité* parmi ceux qui enseignent les autres, à titre de docteurs privés, dans le domaine religieux. L'amour et la soumission sans méfiance que je professe à l'égard de cette vérité inspireront, je l'espère, une entière impartialité à mes jugements (et c'est tout ce que le lecteur peut exiger de moi), sans me contraindre à aucune des lyriques explosions en l'honneur de cette Reine sous lesquelles la peur en question se dissimule de temps à autre. Un mal n'est pas guéri pour être connu ; mais ce serait déjà quelque chose, si l'habitude se généralisait parmi nous de faire assez clairement le diagnostic de celui-ci pour le regarder bien en face, en soi comme dans son prochain. J'écris pour ceux qui sont au courant, et qui, de plus, cherchent le royaume de Dieu pour lui-même, à travers la diversité de leurs théories ou de leurs moyens d'action. Ces pages n'ont aucune prétention à satisfaire, encore moins à convertir, ni les inertes, ni non plus les agités, qui se complaisent, dirait-on, dans la crise de notre foi, où ils semblent ne voir qu'une occasion favorable de manifester leur supériorité d'esprits indépendants, ou leur vigueur de défenseurs de la « possession ». Je voudrais seulement travailler à guérir de la peur de la vérité ceux qui aiment celle-ci en toute sincérité déjà, ceux qui trouvent que sa valeur reste entière là même où elle ne prête ni aux manifestations ni aux réclames. Si quelqu'un n'a pas de plus noble ambition que de se signaler en lançant des cailloux dans les vitres des édifices publics, c'est à la police qu'il doit avoir affaire ; quant à cette autre classe de combatifs, qui mettent leur orgueil à chercher, à découvrir, et à démasquer partout de prétendus instigateurs ou complices de ces gamineries, ce n'est pas moi qui les détournerai d'exercer comme ils l'entendent la profession de leur choix. J'aime à croire toutefois que c'est pour le grand nombre que je travaille ; je ne veux, en effet, qu'insister sur des choses souvent dites déjà ; je n'exprimerai rien que de très simple, rien que ne sachent d'avance ceux qui ont assez d'œil et de courage pour observer.

I

« Militants » et « Intellectuels ».

Une opposition trop fréquente existe entre ces deux classes plus ou moins tranchées de catholiques. — C'est que la société religieuse a deux fonctions à remplir vis-à-vis du Dépôt surnaturel : conserver, réaliser. — *Comment une certaine latitude de spéculation, permettant le progrès, est absolument nécessaire pour* conserver *efficacement, tandis que, d'autre part, l'idée en marche se prête mal à être* réalisée. — *Ces deux fonctions créent chez les ouvriers évangéliques une spécialisation inévitable et des mentalités diverses. — Seulement cette spécialisation devrait être consciente, et assez dominée par la foi commune, la largeur d'esprit et d'âme, pour ne produire aucune animosité ni exclusivisme professionnel.*

I

Le premier fait pénible que nous constaterons, parce qu'il le faut bien, c'est, parmi les catholiques convaincus et capables d'exercer une influence utile, l'opposition qui se révèle chaque jour plus aiguë entre ceux qui font profession d'agir et ceux qui font profession de penser, entre les *militants*, si l'on veut, et les *intellectuels*. Il serait tout à fait imprudent et injuste de prendre les intérêts d'une seule de ces classes, au détriment complet de ceux de l'autre. Ce serait aussi une illusion pacifiste bien stérile de chercher à faire disparaître tout à fait cette opposition-là. En fait, ces deux catégories d'ouvriers de l'Evangile se font des esprits qui risqueront toujours de glisser sur des pentes divergentes, Prenons-en notre parti ; et ne sacrifions aucun travailleur.

Expliquons-nous toutefois ce qui les divise.

L'Église, dans ses dogmes et tout son enseignement, met à notre portée, au moyen des analogies du langage humain, certaines idées surhumaines dont nous avons à vivre, qui font même tellement corps avec la vie catholique, que sans elles celle-ci perdrait toute signification. Or, ceux qui gardent ce divin dépôt ont deux fonctions à remplir, dont la combinaison apparaît souvent comme un dur problème à résoudre. C'est de garder le dépôt, d'abord, de le garder intact et vivant ; c'est ensuite d'en user utilement, pour le bonheur éternel de ses contemporains. Le Saint-Esprit, à ces deux points de vue, a pris des hommes pour instruments.

D'abord il faut veiller à *conserver* le dépôt, de telle manière qu'il ne se dessèche point. Pour le garder de la sorte, il faut mettre sans cesse au point la formule des représentations analogiques qui le constituent. Ici les lois de la biologie, qui s'appliquent à peu près partout, se prêtent à la transposition la plus exacte. Nos doctrines religieuses sont l'âme d'un organisme. Elles doivent communiquer graduellement leur propre vie à tout l'ensemble de nos pensées et de nos actions, ou, comme on dirait en langage aristotélicien, les « informer ».

Il faut qu'elles organisent, pour le diviniser, le milieu où elles baignent, c'est-à-dire la masse de nos idées philosophiques, scientifiques, de nos préoccupations morales et sociales, de nos tendances les plus intimes. Malheur à qui les laisse enfouies et inertes dans un petit coin de sa forêt psychologique, comme un amas de fossiles caché sous la végétation exubérante de lianes et de fleurs et de mauvaises herbes d'un âge suivant ! Mais, pour qu'elles puissent nourrir tout le reste, il faut qu'elles s'adaptent à tout le reste ; ou plutôt il faut qu'elles manifestent sans cesse sous des formes toujours plus expressives leur adaptation éternellement préétablie à toutes les conditions nouvelles qui se produisent dans le monde d'alentour sous n'importe quelle influence (1). Les « concordismes » détaillés n'étaient que des enfantillages ; mais l'établissement d'une harmonie générale entre nos diverses convictions naturelles et surnaturelles est un besoin foncier des âmes viriles. Il faudra donc bien pour que nos croyances religieuses dominent comme un principe suprême le cours variable de notre vie mentale, qu'elles demeurent aptes à se modifier, elles aussi ; en ce sens du moins qu'elles fassent paraître à la lumière de nouvelles virtualités, peu ou point connues jusque-là, au sein même de ce qui est en elle le plus *acquis* et le plus intangible. De là résulteront nécessairement des perfectionnements dans la manière de présenter les principes eux-mêmes. Aussi, ces principes doctrinaux demeurant saufs, ne doit-on jamais considérer comme achevé le travail d'explication et d'application. Tout ce qui ne progresse ni en profondeur, ni en étendue finit par tomber dans le monde minéral. Et même, dans la nature le progrès, avec tous ses changements et ses crises, n'est qu'une suite ou une forme de l'ins-

(1) J'ai expliqué cela ailleurs, moins sommairement, *Revue thomiste* juillet-août 1905, et *Quinzaine*, 1er août 1905. Voir l'Appendice.

tinct de conservation. On conserve assez mal sa fortune quand on ne se soucie nullement de la faire fructifier; si l'on a de plus le devoir strict de la transmettre à une autre génération, on n'a pas le droit de se désintéresser de l'administration de son capital en le convertissant en rentes viagères. C'est pourquoi tous les vrais penseurs religieux, frappés de cette nécessité du mouvement, condition *sine qua non* de la vie créée, sont portés à garder jalousement au bloc de leurs idées religieuses, pour en assurer la permanence, un certain caractère de perfectibilité — ce qui est loin d'être du pur relativisme. Il leur est impossible d'en jouir à la manière de petits rentiers dépourvus à la fois d'ambitions et d'inquiétudes.

Mais, en face d'eux, il y a des hommes d'action, les apôtres proprement dits, qui, eux, ne peuvent pas, ne doivent pas, au point de vue spéculatif, être des inquiets. La seconde fonction de l'activité chrétienne, la fonction ultime, est d'incarner la Révélation dans les faits, comme une règle de conduite personnelle et sociale ; bref, de transformer la connaissance en vie. Or qu'est-ce qu'une règle sur la fixité de laquelle on s'interroge sans cesse? Quand sera-t-elle prête à mesurer ? Lorsqu'on n'y touchera plus, comme au mètre-étalon. On peut dire, d'une façon universelle, que toute idée si vivante et si mouvante qu'elle soit de sa nature, ne peut servir à commander d'action *définie* que dans la mesure où, échappant au *fieri*, elle a cessé de progresser, où, perdant fluidité et perfectibilité en même temps, elle s'est comme cristallisée. Ainsi, d'un côté on ne recourra jamais à une idée pour régler la vie d'après elle, que si elle-même apparaît très vivante, c'est-à-dire susceptible de progrès ; et d'un autre côté, on ne pourra l'utiliser, *actuellement*, comme règle, que si elle se laisse saisir et manier comme un objet mort. Je veux bien que, sans être tombée dans ce « fixisme », elle puisse déjà diriger l'action de quelques âmes, très cultivées au point de vue tant mystique qu'intellectuel. Mais l'Évangile n'est pas fait pour celles-là seulement ; il doit envahir le monde et pénétrer les masses. Or les masses sont toujours d'un simplisme très exigeant en fait de précision. Pour qu'elles comprennent et s'assimilent d'une façon pratique un ensemble d'idées, il faut qu'on le leur ait transformé en deux ou trois formules ou « recettes » dont l'interprétation ne leur semble sujette à aucune difficulté.

Qui ne verrait là, au premier coup d'œil, un problème des plus redoutables ? Sans doute, notre doctrine catholique offre assez de dogmes définitivement établis pour alimenter n'importe quelle vie religieuse, si riche qu'elle soit, et si intense ! Plût à Dieu que la prédication ou la direction ordinaire s'en souvinssent davantage !

Il n'en est pas moins vrai que les hommes

d'apostolat étendu et direct sont toujours tentés d'obéir à deux tendances alternantes : l'une à supprimer tout ce qui est en formation, l'autre à le *solidifier* d'une manière prématurée. En négligeant de parti pris ou par instinct ce qui n'est pas géométriquement clair, ils risquent de se contenter des généralités les plus banales ; ou bien, quand ils veulent enrichir leur enseignement, habitués comme ils le sont à ne faire cas d'une idée que pour autant qu'elle leur apparaît simple, solide, arrêtée, ils seront portés à gratifier de ces attributs toute idée que les besoins du moment les engagent à utiliser. Ils effaceront les nuances des choses complexes, ils érigeront en dogmes certaines opinions, en règles absolues certaines pratiques, en nécessités fondamentales de la vie spirituelle certaines dévotions qui souvent n'ont en elles-mêmes ni beaucoup de valeur ni beaucoup d'avenir. Car les meilleurs esprits, à force de fixer toujours leur attention sur le même aspect des choses, deviennent trop souvent *monoïdéistes* ; tout ce qu'ils ne peuvent ou ne savent utiliser, à fortiori tout ce qui les gêne dans la réalisation de leurs vues spéciales, ils arrivent à ne plus l'envisager qu'avec défiance ou hostilité, à l'ignorer tout au moins, et certaine ignorance est très voisine du mépris. Aussi les hommes d'action directe, qui font de la science religieuse appliquée, glissent-ils aisément, et à leur insu, sur la pente d'un état d'esprit radicalement hostile aux tendances de ceux qui cherchent — et qui *conservent*, n'oublions pas cela. Les uns discutent, analysent, compliquent au besoin, toujours en quête d'une unité plus parfaite et plus vaste ; les autres, toujours contents de l'unité qu'ils trouvent déjà faite, tranchent, simplifient et immobilisent. Comment faire pour les mettre d'accord ?

* * *

Un moyen déplorablement inefficace, répétons-le, ce serait de forcer les uns à abandonner leur état d'esprit pour se plier sans aucune réserve à celui des autres. L'entreprendre, d'ailleurs, serait pure naïveté. Et si, par impossible, on y réussissait, il en résulterait, je crois, des conséquences fâcheuses. Vous, intellectuel, condamnez, ridiculisez devant le peuple chrétien — dans la mesure où votre voix va jusqu'à ses oreilles — tout enseignement religieux qui n'est pas critique comme le vôtre ; imposez aux maîtres populaires la tâche fastidieuse de s'interroger sans cesse sur la mesure dont ils usent ; vous les découragerez, et les réduirez vite au silence ; ou bien, comme vous ne les obligerez jamais à saisir comme vous les nuances, vous les verrez, s'ils vous suivent trop docilement, ériger en négations vos *doutes méthodiques*, en découvertes sublimes vos hypothèses transitoires ; et vos idées, quand elles vous reviendront interprétées par eux, vous apparaîtront aussi injurieuses pour votre autorité dont elles se couvrent, que troublantes pour les âmes simples. — Quant à vous, hommes d'action, qui êtes le nombre et souvent le pouvoir, obligez la petite élite des *spéculatifs* à ne travailler que sur vos commandes, à ne faire d'autres progrès que ceux dont vous sentez vous-mêmes le besoin pressant, à les faire de telle manière que vous puissiez les suivre pas à pas ; contraignez-les à ne rien penser, dire ou écrire, que ce qui est pour vous utilisable à la minute, et à se laisser entièrement dominer par vos préoccupations pratiques immédiates, eux qui doivent en avoir de plus hautes et de plus universelles, il est clair que vous les aurez vite paralysés, ne fût-ce qu'en leur ôtant cette liberté exigeante de l'esprit qui est nécessaire à la fécondité de toute recherche. Ils ne vous servent plus à rien ; supprimez-les.

C'est donc que, dans l'œuvre de conservation et de diffusion de la vérité catholique, comme partout ailleurs, la division du travail s'impose, et — oserai-je ajouter — toujours sous l'autorité suprême de l'Eglise infaillible, l'autonomie de chaque branche du travail, avec toutes les conséquences que cette autonomie entraîne, s'impose aussi.

Sans doute, la connaissance, dès qu'on respecte son autonomie, va en se compliquant, et par là elle s'éloigne de plus en plus de l'intellect populaire ; mais aussi toute idée, si haute qu'elle soit, qu'on laisse trop vieillir sous une forme simpliste, finit par perdre toute efficacité, même sur les milieux les moins intellectuels.

J'ai parfois entendu développer ce sophisme : « Vous, hommes de « science religieuse », vous n'avez jamais converti et ne convertirez jamais aucun incrédule prétendu savant, — et encore moins les simples, à qui vous ne savez point parler.

« Dans les luttes de défense religieuse, votre action est ou nulle ou dissolvante. Depuis le le temps que vous « sauvez la vérité » au moyen de la critique, de la philosophie religieuse, de la théologie progressive, dites-nous un peu les conquêtes qu'a faites l'Évangile. Tout cela n'a servi qu'à détourner un certain nombre de bons esprits, malheureusement incorporés dans vos rangs, d'une œuvre qui eût été bien plus pratique et plus utile, et à troubler nombre de bonnes âmes, qui estiment que vous êtes en train de tout remettre en question, et de tout démolir de gaieté de cœur. »

Si quelques-uns de mes lecteurs sourient, qu'ils ne pensent pas, au moins, que c'est là une invention de mon cerveau. On a dit l'équivalent à toute époque, et à saint Thomas d'Aquin lui-même. C'est tous les jours qu'on entend encore parler de la sorte des chrétiens, des prêtres, non dénués de toute valeur.

Ceux qu'ils attaquent pourraient leur répondre ainsi : « Mais vous, comptez vous-mêmes le nombre de ceux que votre dédain de la critique et de la science vous aide à gagner à l'Évangile. En dehors des femmes — et parmi elles aussi, votre influence décroît — vous constatez avec un grand scandale que la majorité des esprits, dans les milieux cultivés, est devenue complètement indifférente à tous vos essais de catéchisme. La plupart ne pensent plus à vous que pour la bénédiction de leur mariage, ou pour vous demander, au lit de la mort, une absolution que vous ne leur accordez, en bien des cas, qu'en vous interrogeant anxieusement sur sa valeur. Ceux d'entre eux qui reviennent au catholicisme opèrent d'ordinaire leur conversion complètement en dehors de vous, pour des raisons qui, n'étant pas prévues et classées dans vos manuels, demeurent à vos yeux mystérieuses, sinon suspectes. Une fois convertis, ils se passent de vous le plus qu'ils peuvent. Mais, bien plus, vous ne pouvez vous dissimuler ceci : de moins en moins, vous réussissez à protéger la foi des âmes simples et des incultes. C'est que, en fait, les idées de ces derniers se modèlent tôt ou tard sur celles des autres, qu'ils adoptent au bout de quelque trente ou cinquante ans ; chez eux, elles se fixent, grossissent et se déforment à l'envi. Les idées dangereuses ne rayonnaient d'abord qu'autour de la chaire de quelques docteurs ; on n'a pas pris la peine de les comprendre pour les corriger ou les mettre au point, on a cru se débarrasser d'elles par de purs arguments d'autorité, ou des procédés d'apologétique trop sommaire ; alors ces idées-là, par le canal des revues, des journaux, des conférences, et jusque par les proclamations électorales et les circulaires ministérielles, s'infiltrent jusqu'à l'école primaire, au cabaret, à l'usine, au foyer de la ferme, et elles y font une atmosphère où tous vos arguments les plus traditionnels (et peut-être les plus justes en eux-mêmes) s'évanouissent devant les inepties d'une feuille radicale socialiste ou les billevesées d'un instituteur anticlérical. Pour agir sur une société civilisée, il faut agir à la source même de ses idées. C'est à cela que s'emploient ceux que vous traitez dédaigneusement de spéculatifs. S'ils paraissent faire peu, c'est d'abord qu'il y avait à faire, dans cet ordre-là, beaucoup plus que vous ne pensez. Si un grand nombre font mal leur métier, c'est trop souvent parce que votre méfiance et vos plaintes les empêchent de le faire bien. La baisse continue de votre influence tient à un grand nombre de causes. Si certains critiques intempérants dont vous avez le tort de nous faire solidaires en masse, ont une part de responsabilité dans cette déchristianisation de la patrie, il se pourrait que l'autoritarisme et la fermeture d'esprit de certains autres catholiques, y eussent aussi la leur. » Voilà ce qu'il y aurait à leur dire, en évitant autant que possible de les fâcher.

Je n'aime pas à me trouver dans la nécessité de le dire moi-même. Mais, si j'y étais contraint, cela ne m'empêcherait pas de croire encore légitime, et même nécessaire, l'existence des deux tournures d'esprit ci-dessus décrites. Puisqu'elles doivent coexister, il faudrait qu'elles pussent coexister en paix ; aucune des deux ne peut détruire l'autre. Arriverait-on à résoudre le problème en assignant à chaque catégorie de travailleurs, sous prétexte de division du travail, son champ d'action distinct, des sphères tellement séparées, que l'absence totale de contact et d'influence réciproque supprimât toute possibilité de conflit ? Solution trop simple encore, et d'ailleurs aussi néfaste qu'irréelle. On arriverait seulement ainsi à faire deux catholicismes, qui ne seraient plus le catholicisme ni l'un ni l'autre ; l'un tendrait à se réduire à la « religion sur papier » des théologiens académiques et libéraux, l'autre pourrait dégénérer en routines superstitieuses, ou en un chaos d'impulsions mystiques aussi instables que désordonnées.

Il se passe quelque chose de semblable dans certaines régions protestantes. L'unité catholique, qui est une unité intérieure, d'esprits et d'âmes, avant tout, empêchera toujours ce dualisme de s'établir là où elle règne ; mais elle ne réussit que parce qu'elle force les intellectuels à ne jamais perdre complètement de vue les intérêts spéciaux et *actuels* de l'apostolat populaire, et les hommes d'action à se soumettre, au moins en droit, à l'enseignement de ceux qui ont le temps de penser.

*
* *

La solution, à mon sens, est donc avant tout morale : elle ne consiste pas à se proscrire ou à s'ignorer mutuellement, mais à pratiquer une mutuelle tolérance, fondée sur la confiance dans la *vérité d'autrui*, comme la tolérance ordinaire est fondée sur le respect de la liberté d'autrui. En d'autres termes, quand on aime la vérité, il ne faut pas avoir *peur* des aspects ou des applications de la vérité pour cela seul que d'autres les ont saisis avant nous et mieux que nous. Ayons la charité de présumer qu'ils sont mieux informés dans leur ordre, et qu'ils peuvent avoir autant de conscience et de prudence que nous nous en sentons.

Comme le mépris réciproque du penseur et de l'homme d'action et de gouvernement serait injuste ! Le savant aurait grand tort de considérer toujours comme étroitesse d'esprit et opposition aveugle la réserve montrée à l'égard du progrès scientifique et religieux par des gens pleins de bonne volonté, de conviction et de zèle, mais ordinairement trop absorbés par le bien concret qu'ils ont à faire pour se former une idée prudente sur la valeur de ce que les intellectuels estiment des découvertes fécondes. Leur étroitesse apparente n'est souvent, en réalité, qu'une délicatesse de nourricier ou de médecin spirituel, qui tient compte de la faible constitution de ceux qu'il soigne. Quelle intelligence et quel tact nécessite souvent l'apostolat le plus simple exercé sur les milieux les plus vulgaires ! — De l'autre côté, on ferait tout aussi mal en refusant tout esprit apostolique à ceux qui doivent passer leur vie à agiter des questions brûlantes, eussent-ils parfois la mauvaise fortune de les soulever eux-mêmes. Est-il juste d'ignorer le degré de zèle et de désintéressement qu'il faut à plus d'un pour accepter, en faveur de la vérité en soi, c'est-à-dire, en fin de compte, des âmes du présent et de l'avenir, tant de tourments d'esprit, tant d'angoisses invisibles, subis dans la solitude et le silence, à la table de travail ?

Pardonnons-nous les uns aux autres certains défauts, que rend presque inévitables la spécialité de nos travaux respectifs. Le savant, qui traite avec des savants étrangers à ses croyances, est peu porté, naturellement, à user d'arguments d'autorité qui seraient inefficaces. Il ne les emploiera, comme homme ou comme prêtre, qu'à la dernière extrémité, et, comme savant, jamais.

Alors, à force de n'en pas user, il arrivera peut-être à ne pas en comprendre aussi bien que d'autres la valeur. Un homme d'études a de la peine à juger les choses en homme de gouvernement. Trop tolérant peut-être pour les écarts des autres penseurs, il aura par contre à se défendre d'un excès d'aversion vis-à-vis de certaines conceptions religieuses populaires, un peu fausses, un peu arriérées. Comment en serait-il autrement ? Elles constituent pour lui un embarras ; les esprits avec lesquels il est en contact direct se font un véritable arsenal d'objections de ces pratiques qu'il ne peut défendre à leur point de vue critique commun, et où ils s'obstinent à voir un catholicisme plus authentique que celui dont il leur parle. Rien d'étonnant, pour qui connaît la faiblesse humaine, s'il supporte impatiemment cette solidarité, et parfois, ne sachant plus découvrir l'âme de vérité profonde qui se cache sous ces symboles imparfaits, se sent entraîné à l'intolérance vis-à-vis de certaines exagérations ou matérialisations de la religion populaire. Inversement, des prédicateurs ou des pasteurs qui voient que ces conceptions-là *travaillent* encore, qu'elles sont utiles à la vie religieuse de bien des âmes dans le milieu auquel ils se dévouent, perdront facilement l'habitude, s'ils l'ont jamais eue, de les apprécier au point de vue de leur valeur intrinsèque et d'y faire le triage entre la paille et l'or. S'y affectionnant comme à des instruments d'apostolat précieux, ils se sentiront tentés d'intolérance, eux aussi, à l'égard de ceux qu'ils soupçonnent de vouloir, au nom d'une vérité abstraite, les leur ravir ou les leur gâter ; tandis que les dévotions les plus napolitaines, pourvu qu'elles rendent l'église plus attrayante à certains groupes de fidèles, finiront par trouver grâce à leurs yeux.

Qu'y faire ? Les uns et les autres devraient d'abord, à ce qu'il me semble, réprimer leur propre penchant à l'intolérance, et ensuite s'apercevoir qu'il ne manque pas de circonstances atténuantes pour celle qui est le défaut du voisin. Le terrorisme académique et l'autre terrorisme, en somme, ne valent pas mieux l'un que l'autre. Pour ce qui est des excès commis dans leur propre parti, peut-être les jugeraient-ils moins inévitables s'ils avaient encore plus de confiance dans la vérité ; elle n'est pas d'un tempérament si débile, qu'elle ne puisse prospérer et fleurir qu'enracinée dans un gras terreau de demi-erreurs et d'ignorances, ou qu'elle ne suffise jamais, par sa propre vertu et sans violent sarclage, à étouffer les mauvaises herbes qui germent à ses côtés dans le même sol. Peut-être alors les vérités spéculatives et les vérités que certains nomment trop ironiquement *administratives* et *édifiantes* feraient-elles meilleur ménage ; elles ne sont que deux aspects d'une seule et même vérité.

II

Chez les Intellectuels.

Ici, plus souvent encore, l'intolérance à l'égard de la « vérité d'autrui » gâte les rapports mutuels de ceux qui prétendent au titre de « penseurs religieux ». — Parmi eux, en effet, en laissant de côté ceux qui, sans le savoir, ne sont que des « scientistes » ou des esthètes il faut distinguer :

1° Ceux dont les recherches soi-disant « intellectuelles » sont commandées trop uniquement, à leur insu, par les conditions d'un bien partiel et transitoire à atteindre.

2° Ceux qui, cherchant la vérité telle qu'elle est, *et ne voulant pas laisser obscurcir leur regard par des conditions accidentelles de temps et de milieu, travaillent pour le bien* universel *de toute l'Église. — Comme quoi les seconds, pouvant seuls échapper à la* peur de la vérité, *sont guidés par une vue bien plus sérieusement apostolique.*

II

Maintenant, je dois toucher à un point encore plus délicat. Les oppositions entre vrais « intellectuels » et vrais « militants » sont peu de chose en comparaison des luttes acharnées qui se livrent à l'intérieur même du camp des « penseurs ». Dans mon précédent chapitre, j'ai eu l'air d'opposer ceux-ci aux autres comme une collectivité homogène. Si c'était là ma pensée, je serais un peu simple. Sans faire de psychologie compliquée plus qu'auparavant, je puis diviser ceux qui se réclament du nom de « penseurs religieux » en plusieurs classes, sans recourir à un autre principe de distinction que celui dont j'ai usé ci-dessus.

Tous les théologiens, exégètes, historiens, moralistes, apologistes, philosophes religieux qui consacrent leurs efforts à l'exposition ou à défense de la vérité catholique, ont nécessairement un trait commun : ils prétendent tous envisager cette vérité *en soi*, et s'être libérés des préjugés transitoires de quelque époque ou de quelque milieu que ce soit. En réalité, cependant, tous, dans une bonne mesure, sont des « pragmatistes » ; car il ne s'agit pas ici d'analyse ou de mécanique céleste, mais de doctrines qui soutiennent, nourrissent et dirigent la Vie. Inutile pour le moment de discuter sur le plus ou moins de place que les considérations pragmatiques doivent tenir dans leurs spéculations ; toujours est-il qu'elles n'en sauraient être absentes.

Or je crois que la grande source de leurs divisions, c'est la manière différente dont ils conçoivent la *dispensation* de la vérité, suivant le plus ou moins de confiance ou d'effroi qu'elle leur inspire en se produisant *telle qu'elle est*. Question de pratique au moins autant que de spéculation.

Il y a bien, parmi eux, quelques êtres exceptionnels qui paraissent échapper à cette appréciation. Je me hâte de les signaler, pour n'y plus revenir. Je pense qu'ils sont assez rares, et assez restreinte leur influence sur la marche des idées et des controverses. Je veux parler des *logicistes* et des *esthètes*, deux catégories très différentes en droit, et souvent confondues en fait. Il en est, en effet, qui, par tempérament ou éducation, sont portés à voir surtout dans la doctrine religieuse une philosophie supérieure et veulent lui imposer les conditions qui sont à leurs yeux idéales pour une science philosophique. Il en est d'autres, épris surtout de synthèses d'idées où la proportion et l'harmonie répondent aux conditions que les traités d'esthétique classique assignent à la beauté. Les uns et les autres, au milieu des données innombrables, psychologiques, historiques,etc.,nécessaires à la science religieuse, font leur triage ; ils rejettent le confus, l'indistinct, le *fieri*, afin de pouvoir donner à l'ensemble de leurs idées religieuses un genre de perfection qui rappelle celui d'un bon traité de géométrie, d'un poème ou d'un Parthénon. Il faut que pas une pierre, pas une proposition, pas une syllabe, pas une note, n'y fasse défaut ; il faut aussi que rien ne s'y déplace ni ne s'y surajoute, sous peine de gâter le chef-d'œuvre dont le bel équilibre les ravit. Peut-être trouve-t-on de ces esprits-là non seulement parmi les « intellectualistes » *vieux jeu*, mais encore parmi les théoriciens qui font sonner le plus haut leur « pragmatisme ».

Rien d'étonnant s'ils apportent à défendre leur synthèse, bien ou mal construite, la passion quelquefois âpre et injuste que d'autres professionnels de la science ou de l'art mettent à protéger la théorie qui satisfait pour l'instant aux exigences de leur logique, ou l'œuvre où ils ont découvert l'objet d'admiration le plus proportionné au développement actuel de leur sens esthétique. Ils rapetissent la vérité à cause de la hâte qu'ils ont d'en jouir. C'est dans l'intérêt de quelque petite vision béatifique à se procurer dès ici-bas, qu'ils humanisent ainsi le divin, tout en minéralisant un peu l'humain. Leur étroitesse est imputable à une faiblesse du sens du mystère dans leur intelligence. Ils peuvent être, dans leur vie pratique, d'excellents chrétiens, ils ne sont pas proprement *religieux*, comme penseurs. C'est pour cela que je leur rends en passant cet hommage mêlé de critique, et que je les laisse là pour m'occuper des autres, de ceux qui ne sont pas sujets au même reproche de « gnosticisme » et savent distinguer science, art et religion.

Or, chez ces derniers, qui ont trop bien le sentiment du caractère spécial de la vérité religieuse pour l'envisager jamais autrement qu'en fonction des complexités obscures et douloureuses, des inassouvissements affectifs et des anxiétés morales de notre vie de *voyageurs,* nous devons faire encore la pénible constatation de profondes divergences dans l'attitude qu'ils prennent à l'égard de ce grand objet de leur pensée. Car, s'il y en a qui ne pensent qu'à la *servir*, cette vérité, dans l'intérêt de l'humanité tout entière, connue ou inconnue, présente ou à venir, il en est beaucoup d'autres qui ne pensent qu'à *s'en servir* pour le bien restreint de la portion d'humanité qu'ils voient et qu'ils comprennent. Ils ne font sans doute profession d'agir que dans le domaine de la pensée ; pourtant la conception *utilitaire* qu'ils se sont faite de la pensée religieuse les rapproche beaucoup des « militants » trop exclusifs, et cette identité de préoccupations les expose aux mêmes défauts. C'est le fait qui servira d'excuse aux répétitions dans lesquelles je vais certainement tomber.

Je ne surprendrai pas tout le monde en avançant qu'on trouve un très grand nombre de ces « penseurs » utilitaristes et *relativistes* parmi ceux qui parlent le plus souvent de leur orthodoxie, et des droits absolus de la vérité religieuse. Ceux qui les jugent d'après la teneur objective de leurs écrits leur reprochent d'ordinaire d'être trop « intellectualistes ». Moi je penserais plutôt qu'ils ne le sont pas assez. Eux-mêmes doivent s'avouer intérieurement, s'ils se comprennent, que la préoccupation qui inspire leurs travaux théoriques se rapproche de celle du pédagogue, plutôt que de celle des penseurs.

Oui, du pédagogue, qui transporterait dans l'étude la plus désintéressée et la plus objective en principe les habitudes d'esprit contractées dans l'exercice de sa profession.

Le maître n'a pas toujours une confiance illimitée dans la sagesse, ou la rectitude d'esprit de ses élèves. Il croit souvent de son devoir de les tenir à l'écart de tout ce qui les troublerait ; il n'aime point à susciter de leur part des réflexions dangereuses ou des questions indiscrètes. Je ne blâme pas cette prudence ; on sait assez que l'école, officielle ou non, laïque ou non, élémentaire ou supérieure, est d'ordinaire en retard d'un bon nombre d'années sur les idées moyennes de ceux qui pensent par eux-mêmes. C'est inévitable. Il faut bien laisser les enfants penser suivant les ressources de leur âge ardent, impatient et simplificateur. Le doute répugne foncièrement à leurs âmes. Quand leur esprit travaille trop, il risque bien de s'égarer dans des chimères. Aussi ce peut être un grand service à leur rendre au point de vue peu profond, mais défendable, de leur intérêt immédiat, que de remplir d'un coup cet esprit de théories assez simples, assez grandioses, et assez liées en apparence, pour qu'ils ne soient pas tentés de se poser des questions. On raisonne ainsi pour les éduquer dans l'ordre profane ; mais combien plus dans l'ordre religieux, où les questions sont si brûlantes !

Le malheur est que le pédagogue devient souvent tellement esclave de cette *méthode* qu'il y réduit toute sa mentalité, et en use encore pour traiter avec les grandes personnes. Cela, parfois, lui réussit ; car on rencontre bien quelques adultes par ici par là, si bacheliers qu'on les suppose, qui ont besoin d'être menés ainsi rondement, à coups d'affirmations, sous peine de tomber dans le scepticisme qui est le refuge, à tous les âges, du simplisme dérouté. Seulement, pour que le procédé réussit toujours, surtout pour qu'il fût applicable en toute sécurité en matière de pensée religieuse, il faudrait que les élèves et anciens élèves vécussent toujours dans un monde où les questions ne viennent pas se poser d'elles-mêmes, dans un milieu tout imprégné de cette même quiétude dont on leur a habilement rempli l'intelligence. En est-il ainsi dans la société contemporaine ?

La curiosité perdit Ève, c'est vrai : cela n'empêche pas que *l'incuriosité* ne perde un très grand nombre de ses descendants. Ceux qui ne se posent pas de questions, qui ne s'en posent jamais, par incapacité naturelle ou acquise, croiront toujours le dernier qui leur a parlé, ou celui qui a parlé le plus fort. C'est pour cela que nos contemporains « instruits » ont une foi de tout repos dans l'infaillibilité du mandarin académique, et nos contemporains moins cultivés dans celle du socialisme politicien. Quelle chance y a-t-il, en France et au XXe siècle, pour que la masse moutonnière ose résister à ces autorités brillantes ou bruyantes, et leur opposer ce que dit le curé au prône, ou l'évêque dans son mandement ?

Ainsi, en jugeant les choses d'un point de vue purement pragmatique, le raisonnement de ces pédagogues qui estiment que tous les hommes, dans les questions religieuses, doivent être traités comme d'éternels enfants, ce raisonnement peut bien, en soi, ne pas manquer totalement de justesse ; il peut même trouver certains appuis scientifiques dans la « psychologie des foules ». Des raisons d'utilité immédiate paraîtront justifier, en certains cas, ces singuliers et déconcertants mélanges d'ingénuité et d'ingéniosité, de simplisme et d'esprit de combinaison, qui caractérisent les leçons du pur conservatisme. Il est explicable qu'il existe certaines « écoles » de théoriciens qui semblent n'avoir d'autre raison d'être que de maintenir, par d'habiles plaidoyers de tournure suffisamment abstraite, le prestige de telle ou telle corporation active — et de garantir ainsi, par quelques travaux de défense opposés à l'invasion des idées nées ailleurs, le monopole que cette société s'est assigné dans l'Eglise pour le plus grand bien des âmes chrétiennes. — Mais tous ces procédés-là ne sont pratiques qu'*abstraitement*, si je puis ainsi m'exprimer. Ils supposent d'abord que tous les hommes sont foule ; ensuite, les foules auxquelles ils conviendraient ne sont pas celles qui remuent, de fait, sur les places de nos villes ou de nos villages, pas même celles qui remplissent nos églises aux jours de fête. Ces maîtres se figurent que les foules réelles sont encore prêtes à accepter leur autorité comme indiscutable, dès qu'elle osera s'affirmer. Cela n'est point conforme à l'observation.

Donc, si l'on peut employer le mot de « pragmatisme » pour désigner, non une théorie philosophique expresse, mais simplement une méthode, une attitude, qui suppose l'appréciation de la vérité d'après les seuls résultats, je n'hésite point à classer ces penseurs-là parmi les pragmatistes ; mais ce sont des pragmatistes qui manquent de quelque chose en fait d'indépendance et de prévoyance ; des pragmatistes prévenus et mal informés. Ils ne sont que les agents des purs « militants » ; délégués par ceux-ci au département des formules. Tout ce que j'ai dit de ceux-ci leur convient. La nature « intellectuelle » de leurs occupations n'y fait rien ; l'inspiration qui les guide en fait des gens de pratique plus que de pensée ; mais d'une pratique adaptée à un milieu qui n'est plus.

Ceux dont il me reste à parler ne sont pas moins *pratiques*, du fait de penser avec plus de largeur et de réclamer plus d'indépendance. Ils savent aussi bien que les autres que toute doctrine religieuse doit se terminer en vie religieuse. Mais ils savent, de plus, qu'il y a des majeurs dans l'humanité, et que ceux-ci ont également des âmes précieuses ; les catholiques n'ont pas plus le droit de les scandaliser ou de se les aliéner que celles des simples. Ils se rendent compte que les mineurs suivent toujours les majeurs, à distance, il est vrai, et s'approprient successivement les idées que ceux-ci ont usées et laissé tomber sur le chemin ; ainsi, dans une famille, les cadets sont bien plus pressés d'imiter la conduite du frère aîné, que de suivre pas à pas les sages instructions de leur père. Chaque découverte, chaque progrès critique, qui doit modifier un peu les positions antérieures, est-il immédiatement utilisable ? Pas toujours, sans doute : mais cela ne les empêchera pas de reconnaître son existence et ses droits, et de les affirmer très librement, très loyalement, quand il le faudra, surtout vis-à-vis des autres théoriciens qui, par état, ne doivent pas les ignorer.

C'est qu'ils ne travaillent pas, eux, pour tel ou tel groupe limité, mais pour tous leurs frères. Doués d'une connaissance assez exacte du passé pour ne pas se laisser hypnotiser par des conditions transitoires de temps et de milieu, et pour entrevoir même un peu l'avenir, ils ne veulent pas perdre celui-ci au profit d'un présent partiel. Ils dédaignent les gains momentanés qui se transformeraient bientôt en déficit. La qualité leur importe plus que la quantité. Pour sauver le « dépôt », pour lui garder toute sa force agissante et conquérante, ils se résigneraient, au besoin, à des pertes momentanées, à une baisse de la foi dans certains milieux déroutés par le progrès, si c'est là la condition inévitable d'une action vivifiante sur des milieux futurs plus étendus, et plus proches de l'idéal humain et chrétien. La vérité religieuse ne peut-elle pas avancer sans qu'il y ait de cette marche des signes tellement apparents qu'on puisse en chiffrer les conquêtes en des statistiques ?

Au fond, si la question d'opportunité, sans être oubliée, n'est pas pour eux un obsédant cauchemar, cela peut s'expliquer, non par de l'indifférence vis-à-vis des hommes, mais par la confiance que leur donne une foi plus ferme. Ils croient que toute vérité a une force intrinsèque, indépendante de nos calculs pédagogiques ; ils croient qu'elle ne saurait faire aucun mal, dans aucune circonstance, à celui qui la comprend bien ; ils croient qu'elle est *toujours bonne à dire*, pourvu qu'on la dise comme il faut, c'est-à-dire en tenant compte de ses relations avec toutes les autres. Pour la faire accepter sans danger aux hommes, il ne s'agit pas de leur en masquer une partie, mais de travailler à élever leurs esprits au niveau où ils pourront la saisir dans sa plénitude.

Ils auraient tort, je ne crains pas de le redire, d'abonder trop âprement dans leur propre sens ; si, par exemple, en critiques et réformateurs pédants, ils ne savaient jamais reconnaître l'utilité relative et temporaire de certaines légendes, de certains *raccourcis* expressifs où s'incarne une grande et féconde pensée que le peuple ne saisirait pas encore sous une autre forme. Mais, cette réserve faite, de quel droit les accuser de manquer du sens du réel, et de l'esprit apostolique ? Ils en ont plus que les autres, s'ils travaillent pour un plus grand nombre d'âmes, et s'ils ont mieux vu toute la bienfaisante pratique de la vérité. Puisqu'ils ont moins peur d'elle, c'est là, d'après saint Jean, le signe d'un amour plus parfait.

CONCLUSION

Le remède à la « Peur de la Vérité » *ne se trouve que dans un degré supérieur de charité catholique, dans plus de confiance dans la révélation dont l'Eglise a le dépôt, jointe à une appréciation plus exacte des conditions qu'impose à toutes les activités contemporaines la loi de la « division du travail »*.

III

Tout lecteur averti comprend qu'il me serait facile de préciser ces observations, et je le ferais certainement, dussé-je m'attirer de désagréables polémiques, si j'écrivais pour d'autres que lui et ceux qui lui ressemblent. Je ne crois pas utile de manifester plus clairement ma sympathie pour tous les travailleurs loyaux, avec ma préférence pour ceux qui savent éclairer le présent de l'expérience du passé, et ne se croient pas tenus de négliger tout à fait l'avenir. D'ailleurs — j'oubliais de le dire — je suis personnellement un traditionnel, un thomiste, et je n'appartiens pas, en critique biblique, à l'école dite « libérale ». Aussi ne suis-je pas suspect de vouloir affaiblir les « vieilles positions ». J'y demeure, au contraire, fort attaché ; car je sais que, bien comprises, elles offrent à l'esprit moderne un cadre merveilleux d'ampleur et de souplesse pour accueillir et organiser toutes les découvertes du présent. Mais je ne me dissimule pas ceci : beaucoup, qui veulent aussi les défendre, ne les ont comprises qu'à moitié, et en ignorent la vraie force ; cette classe de « traditionnels » considère donc la masse des faits et des théories nouvelles comme une inondation menaçante pour les murailles du donjon théologique où ils croient garder, eux tout seuls, le Dépôt, au fond de leurs armoires de fer. Cette méfiance excessive nuit à eux et aux autres. Il y a bien des trésors inconnus charriés par ce flot tumultueux ; mais les penseurs qui s'avisent de les y aller chercher courent trop souvent risque de tomber dans les croisières de certains inquisiteurs sans mandat, dont l'approche est aussi rassurante pour eux que le voisinage d'un gros squale pour les pêcheurs de perles. C'est cette méfiance policière vis-à-vis de la *vérité d'autrui* qui me paraît absolument déplorable.

La peur de la vérité peut s'entourer de circonstances atténuantes, j'ai pris soin d'en relever moi-même plus d'une dans cet article. Rien pourtant ne m'empêchera de penser et de dire qu'elle est un grand mal, et un mal qui, à l'heure actuelle, sévit terriblement. Elle n'est pas la moindre cause de l'affaiblissement et de la décadence de la pensée religieuse, donc de la foi et de la vie chrétienne.

Si elle s'était moins affichée, bien des témérités, qui ne sont que des excès en sens contraire, provoqués par des résistances trop prolongées, ne seraient pas venues faire scandale et mettre les esprits des croyants en désarroi. En science biblique, notamment, quel profit pour l'Église si les guides et censeurs plus ou moins attitrés de l'exégèse avaient été pénétrés de ce principe que vient de formuler Pie X : « Il convient de désapprouver la conduite de ceux qui n'osent, en aucune façon, rompre avec l'exégèse scripturaire ayant eu cours jusqu'à présent, alors même que, *la foi demeurant d'ailleurs sauve*, le *sage progrès* des études les y invite *impérieusement* (1). »

Il faut bien en convenir, tous les malentendus sur l' « immutabilité de la foi » ou le « progrès religieux », que certains semblent prendre à cœur d'éterniser, constituent pour la masse chrétienne un danger non pas lointain, mais tout à fait imminent. La situation présente des esprits, dans le catholicisme, est vraiment tendue. Beaucoup qui n'ont pas coutume de confier au public leurs inquiétudes et leurs peines, ont peut-être besoin, pour ne pas céder au découragement, de concentrer toutes leurs forces intimes dans un acte de foi en la force absolue de la vérité éternelle, qui vit dans l'Église et dans les cœurs chrétiens. Quel mal ne font pas chaque jour les soupçonneux et les alarmistes ! Ce n'est

(1) *Lettre de S. S. Pie X à Mgr Le Camus*, d'après la *Revue biblique*, avril 1906. C'est moi qui ai souligné tous ces mots.

pas seulement à cause des réactions juvéniles et exaspérées qu'ils provoquent ; mais encore, par leur faute, beaucoup de vrais penseurs, qui ont su pour leur propre compte résoudre plus d'un problème, hésitent peut-être à dire aux autres le mot libérateur, persuadés à l'avance qu'ils seront mal interprétés, et que leurs tentatives n'aboutiraient qu'à accroître le chaos où les convictions religieuses de notre pauvre société se dissolvent l'une après l'autre. Il en est, et combien ! qui joignent à cette absence de hardiesse extérieure une timidité intérieure paralysante dont les alarmistes encore sont responsables ; ils n'osent plus réfléchir, ni se renseigner même, sur l'objet de leur foi, de crainte de le voir tomber en poussière dès qu'ils l'examineraient. Enfin, parmi les hommes de zèle, qui voient tous leurs efforts de conquête se briser contre une série d'obstacles mystérieux et invisibles pour leurs yeux mal exercés, combien en est-il qui acceptent, hélas ! la situation. Ils se résignent et se réfugient dans la supposition de quelque mystérieux jugement de Dieu qui pèserait sur le monde contemporain, devenu indigne de comprendre la vérité. Ils attendent ainsi, doucement et tristement, la fin du monde, ou de *notre* monde. Ils ne cherchent plus à conquérir, mais seulement à conserver ce qu'ils possèdent, sans l'examiner de trop près, pour eux-mêmes et les groupes de jour en jour plus restreints où leur parole fait autorité encore. Pourtant, un jour, ils s'étaient sentis appelés de Dieu à être des apôtres. Ils souffrent : *Factus est mihi sermo Domini in opprobrium... Et dixi : Non recordabor ejus, et factus est in corde meo quasi ignis exaestuans, claususque in ossibus meis ; et defeci ferre non sustinens* (JÉRÉMIE, XX). Cette souffrance, à vrai dire, ne doit pas être sans valeur méritoire et apostolique aux yeux de Dieu ; mais un amour plus confiant de la Vérité en soi, ou quelques qualités intellectuelles qu'ils auraient pris plus soin de développer, eussent écarté cette croix pour la remplacer par des peines d'apostolat bien plus fécondes.

Il y a, je le sais, des optimistes, que cette situation-là n'effraie pas. Ils la trouvent normale, ils jugent bon que les conflits des esprits unilatéraux restent toujours aigus. C'est par là, disent-ils, que l'équilibre se maintient ; l'immobilité des uns et l'agitation des autres se neutralisent pour le plus grand bien du christianisme ; les partis de conciliation, les esprits *de juste milieu*, quand ils ont dominé, n'ont jamais rien su fonder et ont tout laissé dépérir. Peut-être. Il n'en est pas moins vrai que ces conflits fraternels seraient beaucoup moins douloureux et causeraient un moindre gaspillage de forces vives, si nous travaillions, en conservant chacun la tournure d'esprit dont le genre de nos occupations nous fait une seconde nature, à mieux comprendre et apprécier celle que d'autres occupations font à autrui. De plus, nos batailles seraient moins scandaleuses pour les indifférents, les tièdes et les tentés qui en sont spectateurs. Nous nous montrerions meilleurs disciples de l'Evangile. Quel est le grand signe que nous vivons de l'Esprit de Jésus? Le voici : *Tous reconnaîtront que vous êtes mes disciples, si vous vous aimez les uns les autres* (JEAN, XIV, 35). Et il est dit encore : *Que tous soient un, comme toi, Père, es en moi et moi en toi, ainsi qu'eux soient un en nous, afin que le monde croie que c'est toi qui m'as envoyé* (JEAN, XVII, 21).

Notre unité de pensée, notre unité de cœur et d'efforts, voilà le plus grand « motif de crédibilité » que le Christ ait voulu donner aux incrédules, pour les attirer à sa révélation. Toutes les théories apologétiques que l'on peut bâtir sont moins profondes et moins *travaillantes* que celle qui est exprimée dans cette parole divinement simple.

Ainsi, que chacun abonde dans son sens, il le faut bien, mais en se souvenant que son *sens* n'épuise pas celui de la vérité. Ce n'est point par des criailleries, des accusations mal fondées souvent, des condamnations incompétentes, que nous ramènerons à notre manière de voir des frères engagés dans une autre voie. Il faudrait plutôt :

1° Nous convaincre qu'aucune vérité n'est jamais dangereuse pour celui qui la comprend bien ; et que les hommes de conscience, de science et de foi, ont le droit de mettre toute la hardiesse qu'ils veulent dans leurs recherches, pourvu qu'ils soient soumis aux décisions passées, et se soumettent d'avance aux décisions de l'Église possibles dans l'avenir ;

2° Poser en principe la légitimité et la nécessité de la division du travail.

Que le savant laisse le prédicateur prêcher, mais aussi que celui-ci laisse le penseur penser, et le critique critiquer, puisque c'est pour cela qu'ils sont faits. — Et s'il leur arrive de se rencontrer sur le même terrain, que nul ne s'étonne si les autres y portent leurs procédés habituels de travail, et ne saisissent pas du premier coup les choses sous le même angle que lui. Un contact plus fréquent entre les divers ouvriers évangéliques serait à désirer dès le temps de leur formation, il serait bon d'abattre bien des cloisons entre les Universités, les séminaires et les noviciats, comme cela s'est fait en Allemagne où le clergé n'est certainement pas inférieur en intelligence ou en zèle à celui d'autres pays. Et surtout un degré supérieur de charité, de catholicisme, nous habituerait à nous laisser plus d'indépendance réciproque, pourvu que chacun travaillât, dans toute la mesure de ses forces spéciales, à l'extension du règne de Dieu, dans une communauté d'attachement et de soumission à l'Église. Chacun de nous, membre et fils de l'Église, lui doit à ce titre l'obéissance, mais aussi chacun de nous est une force et un organe de cette société spirituelle, et doit donc accomplir hardiment, à son rang, la fonction qui lui est échue, sans peur de la vérité pour soi-même ni pour les autres.

Veritas liberabit vos. L'état de tremblement et de contrainte où l'adhésion à cette vérité plonge certains catholiques n'est pas le signe qu'ils sont arrivés à en vivre aussi pleinement que l'Évangile les y invitait.

Dans ces pages, j'ai voulu montrer les causes les plus universelles d'un mal dont chaque croyant, pour peu qu'il aime l'Eglise, doit souhaiter la guérison. Je n'ai pu les écrire sans être porté à approfondir mon propre examen de conscience. Puissent-elles engager quelques lecteurs à faire comme moi et mieux que moi !

APPENDICE

Aperçu sur le mode historique du « Développement des Dogmes ».

APPENDICE

On peut comparer le développement des dogmes dans la conscience de l'Eglise à celui des concepts qui germent chez un individu humain. Quand une grande idée neuve surgit dans un esprit, un état affectif, mêlé de joie et de malaise, l'annonce d'abord ; un bouillonnement inattendu agite l'océan d'idées qu'enferme notre intelligence, et une vague nouvelle s'y dresse lentement, entraînant avec elle mille autres petits flots qui rident sa surface et semblent chercher à la refouler, ou à se la diviser entre eux, jusqu'à ce que, majestueuse, elle s'en dégage enfin, ou les absorbe, et, se déployant alors dans toute son ampleur, vienne rouler, superbe et seule, sur la plage où l'attend la conscience. L'idée donc a surgi confuse ; aussitôt, nous avons instinctivement cherché à l'assimiler à quelqu'une de nos notions acquises, à la faire rentrer dans nos catégories, et pendant longtemps elle a dû, de ce chef, rester accolée à des concepts étrangers, dont il faut qu'elle se débarrasse pour que la conscience la saisisse dans sa pleine originalité et la distingue de toutes les autres.

Ainsi en est-il de la conscience de l'Eglise ; la Révélation divine y a fait surgir une foule d'idées nouvelles, impliquées, soit dans l'enseignement oral des prophètes, de Notre-Seigneur ou des apôtres, soit en des événements surnaturels, soit en des rites. Emue et ravie, elle les a acceptées, comme un trésor mystérieux, et aussitôt ces idées ont opéré en elle et montré leur vertu vivifiante. Pour que l'assimilation fût ferme et totale, il fallait que la notion révélée entrât dans le domaine de la réflexion collective. Or, ce n'est que par des efforts qui sont humains dans leur mode, quoique inspirés et dirigés par l'Esprit de Dieu, que l'Eglise a pu l'amener au point précis de la vision distincte. Nous allons le voir en des exemples historiques très connus.

L'unité de Dieu, la divinité de Jésus, Fils de Dieu, la distinction du Fils de Dieu et de son Père céleste, ainsi que du Fils et de l'Esprit, étaient des vérités clairement révélées ou confirmées par l'Evangile et dans les écrits apostoliques ; dès le jour de la Pentecôte, l'Eglise commençait à en vivre. Mais comment arrivèrent-elles à se formuler dans les deux dogmes précis de la Sainte Trinité et de l'union hypostatique ?

De bonne heure la conciliation de ces vérités antinomiques préoccupe l'esprit des Pères qui leur cherchent une expression exacte, et acceptable pour la raison cultivée des Hellènes. Tout d'abord la divinité du Sauveur est affirmée fortement, puis expliquée par son identité avec le Logos divin ; mais, quand il s'agit de préciser ses rapports avec Dieu le Père, les idées s'obscurcissent. Les hérésies monarchiennes, pour résoudre le problème, suppriment la distinction réelle du Logos qui est Dieu et de la personne divine dont Il procède ; dans la bouche de Paul de Samosate, au IIIe siècle, le mot ὁμοούσιος, que nous traduisons *consubstantiel,* sert à aggraver cette confusion. Aussi le terme est-il rejeté et condamné par le concile très orthodoxe d'Antioche, qui rétablit la vraie foi. Un demi-siècle après, les choses ont changé de face ; Arius maintient que le Verbe qui n'est pas ὁμοούσιος τῷ πατρί, est strictement subordonné au Père, au point de n'être plus que la première des créatures, qui a été tirée du néant, et n'est dite Dieu que par participation. La chrétienté s'indigne, et le premier concile œcuménique reprend ce terme jadis proscrit d'ὁμοούσιος, pour en faire l'expression caractéristique de la foi orthodoxe ; et pendant un autre demi-siècle, au milieu des persécutions et des plus grands dangers, et de toutes les trahisons imaginables, l'Eglise lutte pour faire admettre ce mot par tous les docteurs et tous les fidèles. C'est que l'idée qu'il renfermait s'était éclaircie. Nous avons donc ici l'exemple d'une idée de souveraine importance, mais d'abord mal précisée au point de vue philosophique, celle d'une identité absolue d'essence entre le Père et le Fils, compatible cependant avec une distinction personnelle, qui va se précisant d'abord en diverses directions, puis fait naître un terme dangereux par le sens perfide que lui donne un hérésiarque ; ce terme est repoussé par les défenseurs de la vraie foi ; mais plus tard, pour faire face à une erreur opposée à l'ancienne, le concile de Nicée revient à ce terme et le canonise, parce qu'il l'a précisé, et l'a rendu inattaquable pour toujours, malgré l'abus qu'en fait encore Marcel d'Ancyre, un Père de Nicée, qui retourne à une sorte de sabellianisme.

L'histoire du dogme de l'Incarnation n'est pas moins significative. A Nicée, le terme de ὑπόστασις avait été pris comme synonyme de οὐσία, essence ou *substance*. L'hérésiarque Apollinaire refuse au Christ, puisqu'il est d'une substance divine, la possession d'une âme humaine raisonnable, dont, selon lui, il n'a pas besoin. L'école d'Antioche et Nestorius s'égarent dans la direction opposée ; ils prêchent une union *accidentelle* entre la deuxième personne de la Trinité et l'homme Jésus ; mais saint Cyrille d'Alexandrie, aux applaudissements de l'Eglise, leur oppose, en des canons qui sont adoptés par le Concile œcuménique d'Éphèse, l'expression d'*union hypostatique*, ἕνωσις καθ' ὑπόστασιν, qu'il explique par le terme d'*union naturelle* (ἕνωσις φυσική) opposée à l'union accidentelle de Nestorius. Mais à peine cette dernière expression est-elle admise, qu'un ami et grand partisan de Cyrille, le moine Eutychès, s'en fait une arme pour soutenir que dans le Christ, n'y ayant qu'une seule hypostase, il n'y a non plus qu'une seule substance, une seule nature. Il faut donc aller jusqu'au Concile de Chalcédoine, qui condamne à leur tour les monophysites, pour voir le concept exprimé par le terme d'hypostase, ou personne, prendre dans la théologie chrétienne cette précision qu'il a toujours conservée depuis; dès lors, la masse des fidèles sait assez clairement pour n'être plus égarée par de faux docteurs, rationalistes ou mystiques, que l'hypostase n'est point la nature, et que l'unité de la personne du Christ Jésus ne l'empêche ni d'être un vrai homme, ni d'être le vrai Dieu.

Nous voyons ainsi comment procède l'autorité qui fixe les formules des dogmes, et les rend obligatoires. Toujours, pour exprimer d'une manière rationnelle et précise les vérités du dépôt sacré de la Révélation, de manière à les soustraire aux mauvaises interprétations nuisibles au salut du genre humain, l'Eglise s'est appliquée à choisir des termes qui excluent les concepts faux qui s'étaient déjà fait jour. Elle les a empruntés à la philosophie courante de 'époque où ce besoin de préciser s'est fait sentir.

Or, cette philosophie pouvait être elle-même plus ou moins exacte et arrêtée, plus ou moins proche de l'état parfait d'une *science constituée.* Les expressions courantes de la philosophie, celles qui répondent à des concepts communs à presque tous les systèmes, comme *substance* ou *personnalité*, désignent d'ailleurs, sans aucun doute possible, des réalités, lesquelles se manifestent à nous par des phénomènes de tel ou tel genre, objets d'intuition immédiate ; quels que soient les rapports d'identité ou d'opposition de ces réalités avec les phénomènes et entre elles, rapports qu'il appartient à la philosophie de définir, il n'en est pas moins vrai qu'elles *sont*, qu'elles ne sont point chimériques ; donc les concepts par lesquels l'homme les a atteintes ont en eux quelque chose de définitif qui ne pourra pas changer, à savoir une représentation adéquate ou au moins analogique d'un caractère du réel qui sera désormais toujours présent à l'esprit dès que le mot donné éveillera le concept donné. Mais, dans son premier contact avec ce caractère réel, l'esprit ne l'a saisi, pour ainsi dire, que confondu dans un monceau d'idées et d'images qui se sont agglutinées à l'idée propre, et, en apparence, ne font qu'un avec elle. Ainsi, dans les définitions doctrinales, ce n'est que du progrès de la pensée analytique de l'Eglise, éclairée d'ailleurs par l'expérience religieuse et dirigée par le Saint-

Esprit, qu'il faut attendre l'œuvre de distinction qui, dans le *paquet* des idées primitives, séparera l'or du bois et de la paille. Ainsi, avant la promulgation des formules canoniques, des termes philosophiques plus ou moins bien choisis, capables parfois de donner le change aux esprits malavisés, et de les induire en de graves erreurs, exprimaient aux orthodoxes eux-mêmes le contenu de la Révélation. Certes ils embrassaient, au moins virtuellement et implicitement, le sens légitime qui devait être défini plus tard, mais, à côté de lui, des éléments conceptuels hétérogènes, qui lui demeuraient liés par suite d'associations d'idées trop fortifiées par l'habitude pour être en un jour rompues. Ce n'est pas à ce côté matériel du concept doctrinal qu'a jamais tenu l'Eglise. Lorsque certains de ses enfants ont voulu faire de ce corps étranger l'essence même de la vérité révélée, l'Eglise a élevé la voix pour écarter leur interprétation néfaste, et elle a d'autant fait progresser le concept dogmatique en le purifiant.

Seulement n'émettant guère de définitions que contre des erreurs devenues tout à fait explicites et apparentes, l'Eglise enseignante (à qui l'assistance de l'Esprit ne donne pas le don de prophétie) s'est contentée de canoniser des termes suffisamment clairs pour marquer l'exclusion des hérésies présentes, sans l'être peut-être assez pour prévenir les erreurs futures. C'est pourquoi il peut y avoir encore du flottement dans l'interprétation d'une formule donnée, et il surgira de nouvelles hérésies qui prétendront respecter la définition ancienne, et même la prendre pour base. L'Eglise, de nouveau, devra élever la voix pour les condamner, elles et leurs expressions.

Ainsi, par toutes ces précisions successives, par tout ce travail qui ressemble moins à celui d'un maître dans sa chaire qu'à celui d'un homme pratique qui élague ses plantations, les idées primitives confuses et touffues sous lesquelles l'humanité avait saisi la Révélation, dégagent peu à peu leur noyau de vérité essentielle et divine de tout élément étranger ou contradictoire qui lui demeurait indûment joint dans les esprits.

Ce travail peut absorber des siècles durant la spéculation théologique.

Le jour arrive pourtant, tôt ou tard, où la formule ecclésiastique paraît, aux yeux de tous, offrir à la fois toute la précision et toute la réserve désirables, quoiqu'elle demeure nécessairement enveloppée de l'obscurité inhérente aux mystères de foi. Il ne reste plus alors qu'à la laisser, sous l'influence de la spéculation abstraite, mais surtout du sens catholique qui la commente, développer, pour le plus grand bien de l'humanité religieuse, toutes les riches conséquences qu'un dogme porte toujours en ses flancs. C'est le dernier stade de l'évolution de ce dogme, ce qu'on pourrait appeler son *âge adulte*. Mais nos exemples et nos analyses ont dû montrer assez clairement que, dans tout le cours de cette élaboration, mal comprise par les symbolistes, le concept dogmatique s'est seulement épuré, tout en demeurant lui-même, toujours identique en tant que concept ou expression intellectuelle, dans ce qu'il avait d'essentiel et de proprement constitutif dès son premier jour. Il n'a pas varié, il n'a fait que se libérer, s'affirmer et grandir.

(Trois conceptions philosophiques du Dogme chrétien, Revue Thomiste, juillet-août 1905.)

FIN

TABLE DES MATIÈRES

Pages.

2270-06. — Imp. des Orph.-Appr., F. BLETIT, 40, rue La Fontaine, Paris

www.ingramcontent.com/pod-product-compliance
Ingram Content Group UK Ltd.
Pitfield, Milton Keynes, MK11 3LW, UK
UKHW020957180726
13838UKWH00003B/1369

9 782329 374079